Geschrieben von Alva Gehrmann
mit Bildern von Dorothea Tust

DER MENSCH

Alles, was du wissen willst!

EXPLORER

CARLSEN

Inhalt

Wow! Wunderwerk MENSCH

Eigentlich hätte unser Körper täglich einen Pokal verdient, denn es ist wirklich unglaublich, was er alles leistet! Egal ob wir schlafen, laufen, essen, nachdenken oder etwas lesen (so wie du jetzt gerade) – jede Sekunde unseres Lebens ist er aktiv. In diesem Buch kannst du das **Wunderwerk Mensch** genauer kennenlernen. Begib dich mit uns auf eine spannende Entdeckungsreise! Wir blicken zurück zu unseren Urahnen und führen ein Interview mit einem Gehirn. Außerdem zeigen wir dir, welche kulturellen Unterschiede es auf der Welt gibt, aber auch was uns verbindet und wie unser Alltag im Jahre 2050 aussehen könnte. Das Abenteuer beginnt mit einem Blick ins Innere unseres Körpers. So verschieden die rund sieben Milliarden Menschen äußerlich sein mögen: Vom Unterschied zwischen Mann und Frau mal abgesehen, sind wir körperlich alle gleich.

Gestatten, dein Körper!

Wie wir gebaut sind

„Hallo, ich bin das Skelett. Meine rund 200 Knochen sind das Gerüst, das dem Menschen eine Form gibt. Ohne mich würde der Körper in sich zusammenfallen. Gemeinsam mit den Muskeln stützen und bewegen wir den Körper. Die Rippen sind dabei eine Art Schutzschild für die wichtigen Organe – wie zum Beispiel das Herz und die Lunge. Der Schädel sorgt dafür, dass das Gehirn gut gesichert ist."

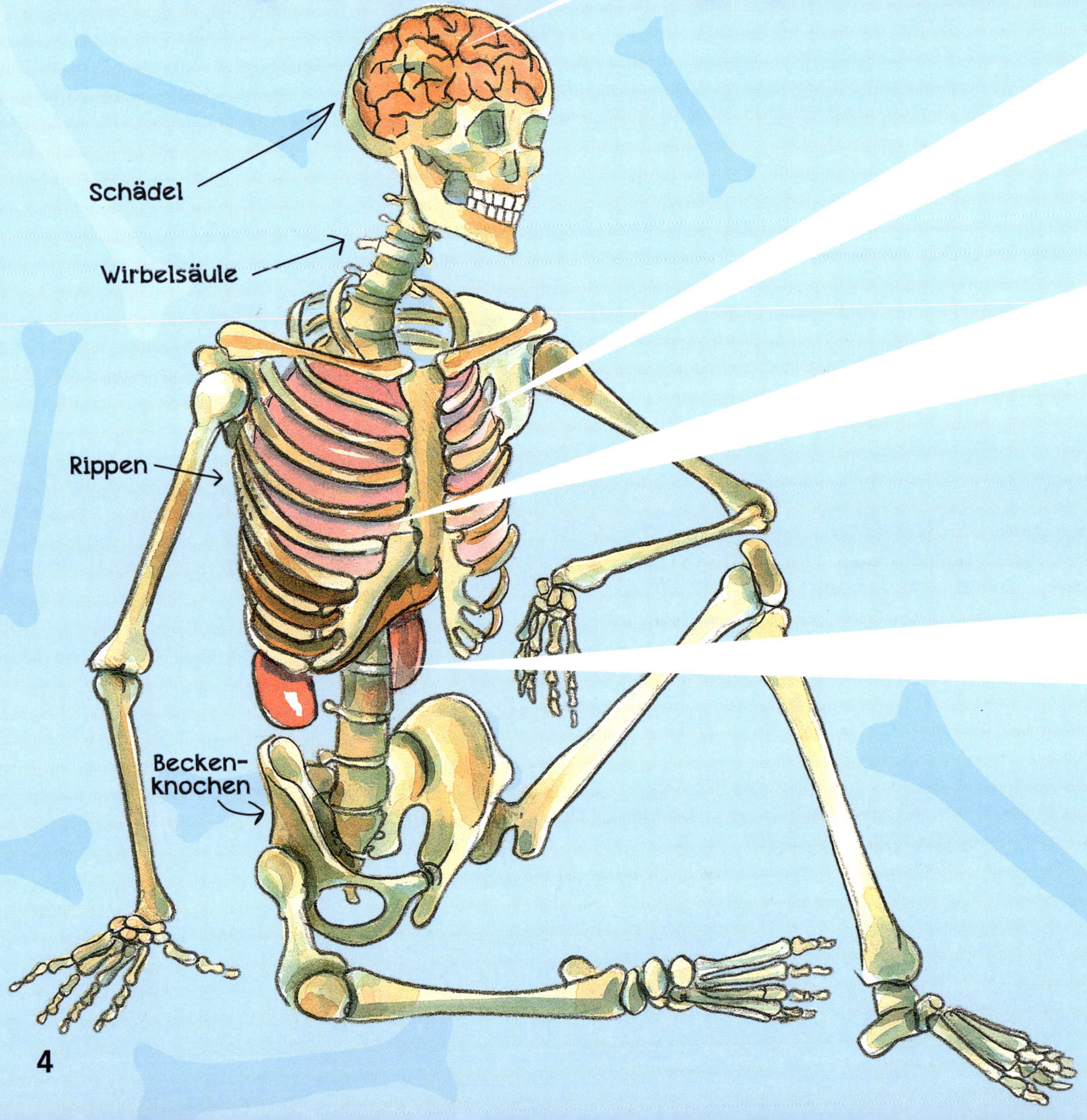

„Genau, denn ich, das **Gehirn**, bin die Schaltzentrale. Ich steuere mit meinen 100 Milliarden **Nervenzellen** die meisten Aktivitäten des Menschen – wenn er sich bewegt, Durst bekommt, Vokabeln lernt oder sich auf einen Ausflug mit Freunden freut."

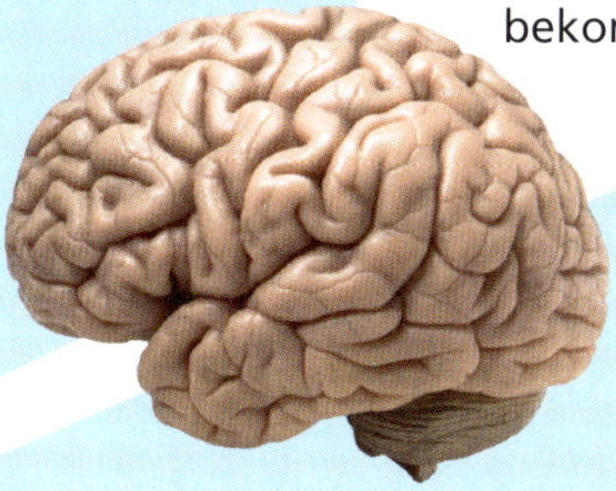

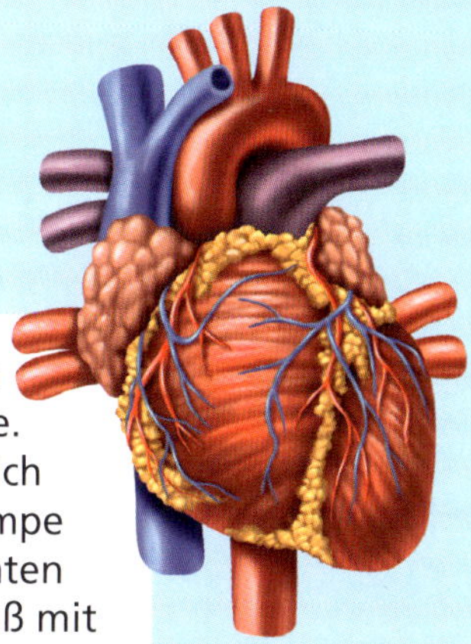

„Ja, ja, das stimmt schon. Aber ich, das faustgroße **Herz**, bin auch sehr wichtig: Ich schlage etwa 60 bis 100 Mal pro Minute. Wenn du dich bewegst oder aufgeregt bist, schlage ich deutlich schneller. Kein anderer **Muskel** schafft so viel wie ich. Ich pumpe Blut bis in die kleinsten Gefäße und halte somit den gesamten Blutkreislauf in Bewegung. So bist du immer von Kopf bis Fuß mit ausreichend Sauerstoff und Nährstoffen versorgt."

„Ja, und wer versorgt euch mit **Sauerstoff**? Eben, ich: die **Lunge**. Wie ein Blasebalg saugt der Brustkorb Luft in mich hinein. Der Mensch nimmt beim Einatmen Sauerstoff aus der Luft auf, beim Ausatmen gibt er das Gas Kohlendioxid ab. Du atmest fast 10 000 Liter ein und aus – und zwar täglich."

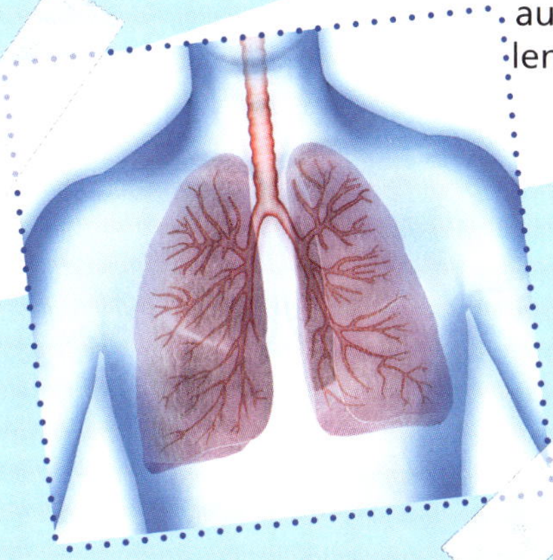

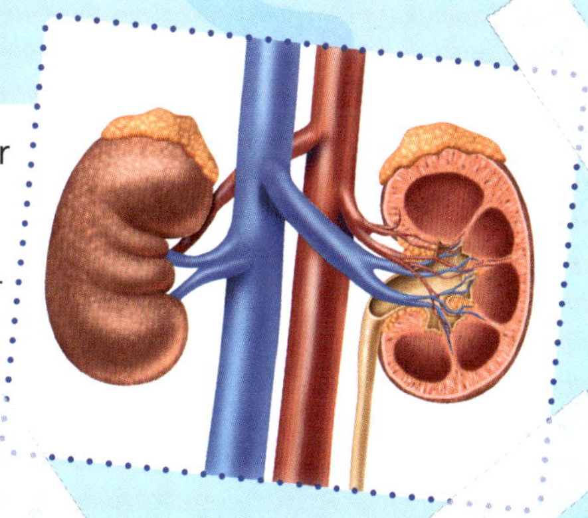

„Hey, und was ist mit mir? Wie so oft werde ich mal wieder vergessen, dabei braucht ihr mich doch auch: die **Niere**. Mich gibt's gleich doppelt! Ich filtere die Abfallstoffe aus dem Blut und bilde Urin, den der Mensch dann später ausscheidet. Aber lasst uns nicht streiten, schließlich sind wir alle wichtig und aufeinander angewiesen!"

Warum hat ein Baby mehr Knochen als ein Erwachsener?

Im Laufe der Entwicklung des Menschen wachsen einige Knochen zusammen. So werden aus den 350 Babyknochen ungefähr 200 Erwachsenenknochen. Der größte ist der **Oberschenkelknochen**, der kleinste der **Steigbügel** in unserem Ohr.

Wir sind alle Afrikaner

Die Evolution

Unsere Vorfahren waren echte Überlebenskünstler! Nur weil sie sich immer wieder an die oft harten Bedingungen der Natur angepasst haben, gibt es uns heute.

Die Entwicklung zum modernen Menschen begann vor rund sieben Millionen Jahren in Ostafrika. Damals machten die affenartigen Lebewesen einen entscheidenden Schritt: Sie richteten sich auf. Die meisten Vormenschen lebten zu der Zeit in trockenen Savannen. Die weiten Graslandschaften boten nur wenig Schutz vor natürlichen Feinden wie den Säbelzahnkatzen. Aufrecht auf zwei Beinen konnten unsere Vorfahren nun aber über das hohe Gras hinwegschauen, Gefahren schneller erkennen und weite Strecken zurücklegen. Und sie hatten ihre Hände zum Greifen und Tragen frei.

Werkzeugbauer und kluge Beobachter

Vor ungefähr 2,5 Millionen Jahren stellten frühe Menschen erstmals Werkzeuge mit Hilfe von

Was bisher geschah ...

Die Entwicklung von Lebewesen im Verlauf der sogenannten Stammesgeschichte nennt man **Evolution**. Biologisch betrachtet, gehört der Mensch zur Ordnung der Primaten – das ist ein Oberbegriff für Affen und Menschen. In der Evolution gab es etliche Arten von Menschenaffen, sie werden **Hominidae** genannt.

Zeitreise – vom Urmenschen zum Homo sapiens

Der 1,20 und 1,50 Meter große „Südaffe“ gilt als Vormensch. Er ging zwar aufrecht, war aber auch noch gut an das Klettern in Bäumen angepasst. Seine Mahlzeiten bestanden vor allem aus Früchten.

Der „geschickte Mensch“ und der „Mensch vom Rudolfsee“ waren die ersten echten Menschen der Gattung Homo. Sie stellten erste Steinwerkzeuge her und aßen zunehmend Fleisch.

Faustkeile sind schwere Geräte mit scharfen Kanten. Mit ihnen konnten die frühen Menschen sogar große Tiere zerlegen, aber auch Holz bearbeiten.

Werkzeugen her. Auch hatten Urmenschen sicher beobachtet, dass Blitzeinschläge trockenes Gras zum Brennen brachte.

Sie lernten, dass Feuer wärmt und gefährliche Tiere fernhält. Schon vor einer Million Jahren merkten die Menschen, dass gebratenes oder geräuchertes Fleisch besser schmeckt, leichter zu verdauen und länger haltbar ist. Diese Erkenntnisse sind wichtig für die Entwicklung des Menschen: Sein Gehirn wächst.

Unsere Vorfahren erkunden die Welt

All das passiert aber nicht plötzlich, es dauert viele, viele Generationen, manchmal hunderttausend Jahre. Vermutlich vor 1,8 Millionen Jahren trauten sich die Urmenschen, von Afrika aus kältere Regionen zu erkunden – sie zogen sogar bis nach Europa und Asien. Nach und nach entstand die Sprache. So konnten sich unsere Ahnen darüber austauschen, wie man am geschicktesten ein Pferd, ein Rentier oder ein Mammut jagt. Je mehr sie redeten, desto klüger wurden sie. Vor etwa 60.000 Jahren begann unser direkter Vorfahr, der Homo sapiens, in alle Kontinente auszuschwärmen.

Der „aufrechte Mensch" sah uns schon recht ähnlich. Er besiedelte erstmals verschiedene Kontinente, lernte Feuer zu nutzen und erfand erste Wurfspeere.

Der „Mensch aus dem Neandertal": Sein Gehirn war größer als das des modernen Menschen. Er lebte vor allem von der Jagd auf Großwild.

Der „weise Mensch" erkundete von Afrika aus die Welt. Vor rund 10.000 Jahren wurden die Jäger und Sammler sesshaft und erfanden den Ackerbau.

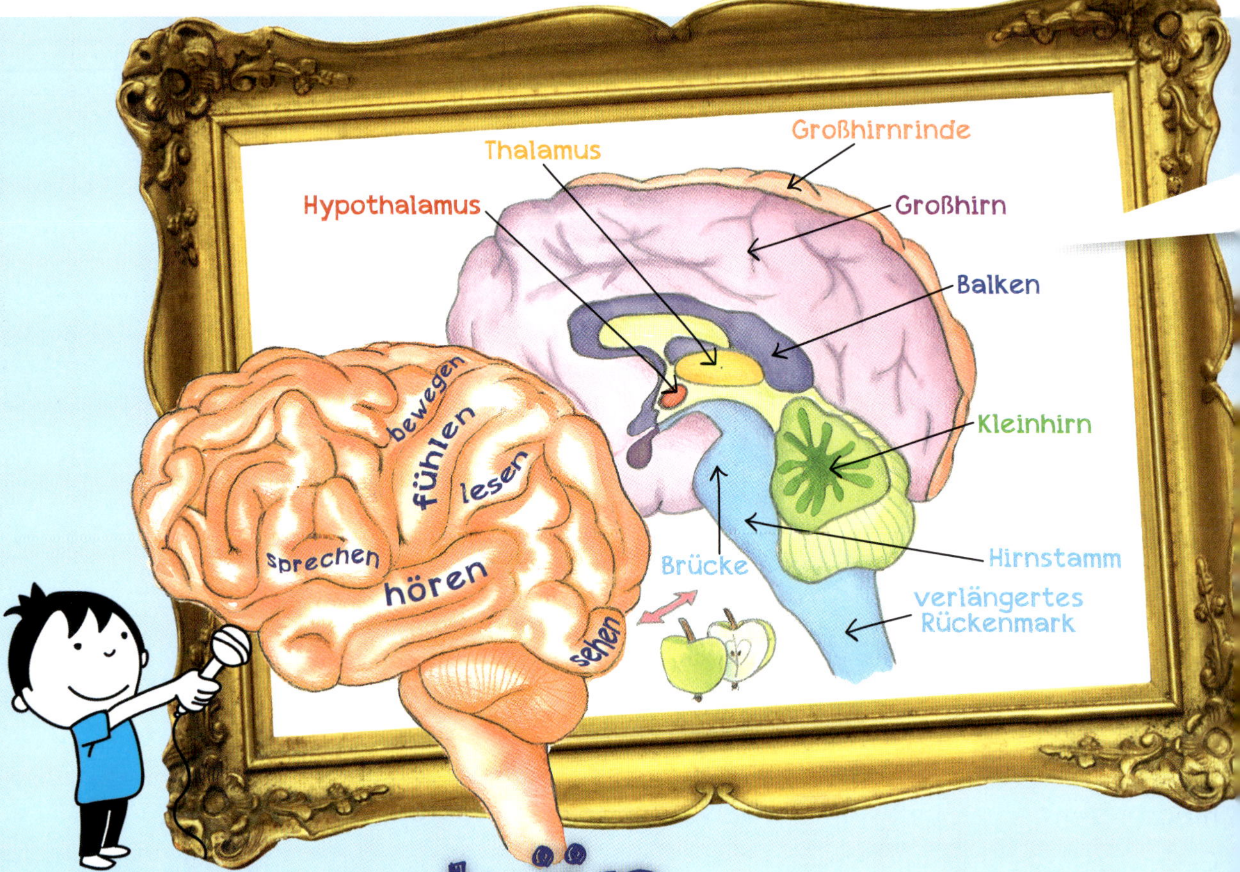

Ganz schön clever

Das Gehirn

Mit seinen tiefen Furchen und Windungen sieht es ein bisschen aus wie eine riesige Walnuss, also nicht besonders spektakulär. Dabei ist das 1300 Gramm schwere Gehirn mit seinen 100 Milliarden Nervenzellen die Schaltzentrale unseres Körpers. Wir treffen das komplexeste Organ des Menschen zum Interview.

Explorer: Hallo, liebes Gehirn, vielen Dank, dass du dir Zeit für unser Gespräch nimmst, wo du doch so viel zu tun hast.
Gehirn: Ach, das ist für mich eine Kleinigkeit. Auch dein Gehirn leistet gerade sehr viele Dinge gleichzeitig. Es nimmt wahr, was ich sage, verarbeitet in Millisekunden die Bedeutung meiner Worte und ermöglicht es dir, dies parallel in deinen Block zu notieren. Eben hast du dir übrigens noch nebenbei eine Haarlocke hinters Ohr geklemmt.

Explorer: Oh, stimmt. Solche Bewegungen sind für uns so selbstverständlich, dass wir gar nicht darüber nachdenken.
Gehirn: All diese Prozesse werden durch uns und die Nervenzellen im Körper in Gang gesetzt. Was auch immer passiert, ob du gerade Hunger hast oder über etwas nachdenkst, dein Gehirn weiß Bescheid. Du kannst dir das wie eine Art Internet im Kopf vorstellen, wo alle Informationen gespeichert sind. Täglich kommen Hunderte neue Eindrücke und Erlebnisse hinzu.

Wissenschaftler konnten schon viel über das Gehirn herausfinden, hier sind einige Kenntnisse über unser faszinierendes Denkorgan:

- Das Gehirn besteht aus zwei Hälften, die über Kreuz arbeiten.
- Der **Balken** verbindet die beiden Gehirnhälften.
- Das blumenkohlartig geformte **Kleinhirn** steuert Bewegungen und das Gleichgewicht.
- Der Hirnstamm ist die Verbindung zum restlichen Körper, von hier aus führen Nerven zu allen Körperteilen. Der Stiel geht in das Rückenmark über.
- Der **Hypothalamus** steuert unter anderem den Durst und Appetit.
- Die Großhirnrinde befasst sich mit Sinneseindrücken und dem bewussten Denken.

Ob dieser Junge wohl gerade im Schlaf die Matheformeln wiederholt? Nicht nur unser Körper ist nachts aktiv, auch unser Gehirn arbeitet dann weiter. Vielleicht träumt der Junge aber auch von einem riesigen Eisbecher. Wovon hast du letzte Nacht geträumt?

Explorer: Das hört sich nach einem ganz schönen Kraftakt an.

Gehirn: Das ist es auch, das Erlebte wird in unterschiedlichen Bereichen des Großhirns gespeichert. Es gibt zum Beispiel ein Gedächtnis für sogenannte motorische Fähigkeiten wie Fahrradfahren oder Schwimmen. Diese erlernten Dinge vergisst man nie wieder. Anders ist das bei Vokabeln oder Matheformeln. Wenn die zu schnell hintereinander gelernt werden, ist der Speicher kurzfristig zu voll und schaltet sich ab.

Explorer: Hast du denn irgendwann mal Pause oder Urlaub?

Gehirn: Nein, nie. Sogar wenn du schläfst, ist dein Gehirn aktiv. Denn in der Nacht verarbeitest du all das, was du tagsüber erlebt hast. In der Tiefschlafphase wiederholst du unter anderem die gelernten Vokabeln. Nachts wälzt du dich mehrmals im Bett herum. Dafür sorgt dein Denkapparat, und das ist gut, denn so wird der ganze Körper immer gleichmäßig durchblutet.

Explorer: Wirklich clever. Und was kannst du sonst noch alles?

Gehirn: Ich kann zum Beispiel ohne Mühe den Sinn hinter einem falsch geschriebenen Satz wie diesem erkennen: „Dsa its dohc allis Qautsh!"

Gedächtnistraining

Präge dir zehn Sekunden lang diese Gegenstände ein, dann schließe das Buch und zeichne sie auf ein Blatt Papier. Und? Wie viele konntest du dir merken?*

*Die meisten Menschen erinnern sich übrigens an etwa sieben Gegenstände. Für Gedächtnisweltmeister wäre diese Aufgabe viel zu langweilig. Sie können sich in wenigen Minuten bis zu 100 Personennamen einprägen.

Unsere Sinne

Wie wir die Welt wahr[nehmen]

Ohne deine Sinne könntest du die Welt nicht wahrnehmen: Durch sie orientierst du dich, wirst vor Gefahren gewarnt und genießt die schönen Dinge des Lebens. Am bekanntesten sind die fünf „klassischen" Sinne: Sehen, Hören, Riechen, Schmecken und Tasten. Inzwischen werden aber noch mindestens drei weitere unterschieden: der Gleichgewichtssinn, der Temperatursinn und die Körperempfindung. Meist sind an einer Wahrnehmung gleich mehrere Sinnesorgane beteiligt, die ihre Eindrücke jeweils ans Gehirn weiterleiten, wo sie verarbeitet werden.

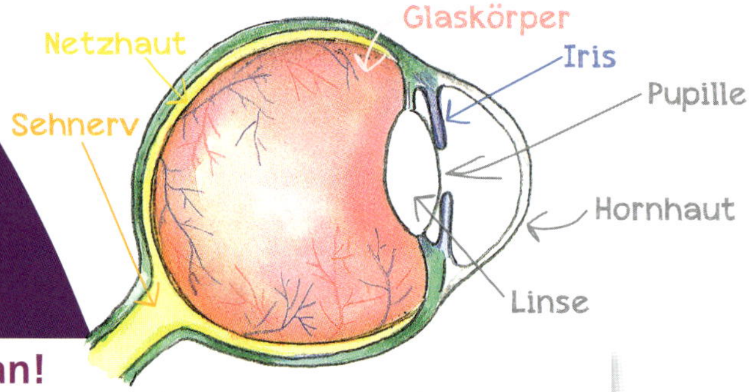

Schau an!

Mit deinen Augen entdeckst du einen Großteil deiner Umwelt. Da du zwei Augen hast, kannst du alles räumlich erleben, also auch Tiefen und Entfernungen erkennen. So weißt du bei einer Fahrradtour zum Beispiel sofort, wann du einem Hindernis auf der Straße ausweichen musst.

Schmeckt!

Auf der Oberfläche deiner Zunge sind viele kleine Dellen zu sehen. Sie heißen **Papillen**. In ihnen verstecken sich ungefähr 10 000 Geschmacksknospen. Sie können fünf Geschmacksrichtungen unterscheiden: süß, sauer, bitter, salzig, umami. Umami ist japanisch und bedeutet sinngemäß „herzhaft", dazu zählt der Geschmack von Fleisch.

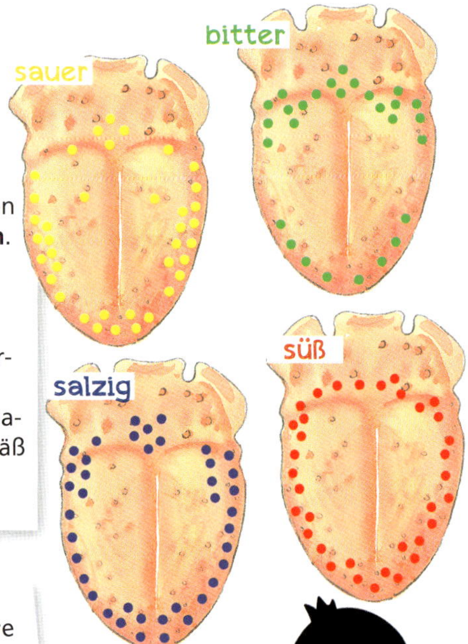

Clevere Punkte

Der Franzose Louis Braille entwickelte im Jahre 1825 die Blindenschrift, auch Brailleschrift genannt. Jedes ins Papier gepresste Punktmuster entspricht einem Buchstaben oder Satzzeichen, das mit den Fingerspitzen gelesen wird.

Anpassungskünstler Mensch

Wusstest du, dass beim Ausfall eines unserer Sinne die anderen sich stärker entwickeln? Wer zum Beispiel gehörlos ist, verlässt sich mehr auf das Sehen. Blinde hingegen schulen automatisch ihr Gehör, und wer nicht riechen kann, schärft unter anderem seinen Sehsinn.

nehmen

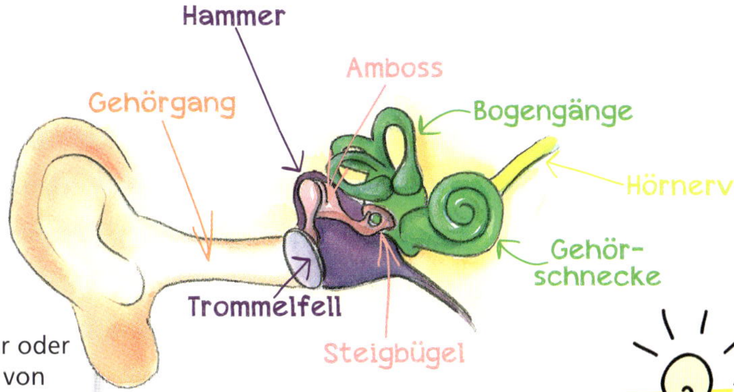

Hör mal!

Selbst wenn du jetzt ganz still bist, hörst du sicherlich etwas, vielleicht das Ticken einer Uhr oder das Rascheln der Buchseiten. Wir sind ständig von Geräuschen umgeben, sie bestehen aus unsichtbaren **Schallwellen**. Durch Schwingungen werden sie über den Gehörgang ins Innenohr geleitet. Von dort gehen die Impulse ans Gehirn. Das Innenohr ist auch für den Gleichgewichtssinn mit verantwortlich.

Puh, ist das heiß!

Deine Körpertemperatur liegt bei rund 37 Grad, trotzdem schwitzen viele schon bei 25 Grad Außentemperatur. Beim Schwitzen kühlst du deinen Körper ab und sorgst so dafür, dass er nicht überhitzt. Wenn du hingegen frierst, fangen deine Muskeln an zu zittern und erzeugen durch diese Bewegungen Wärme.

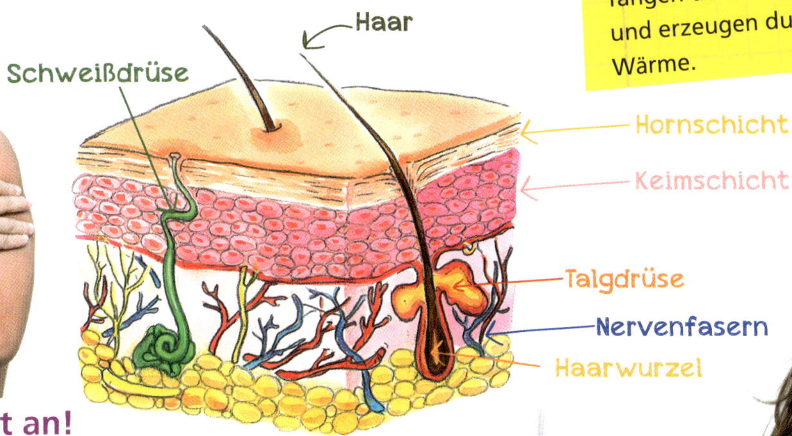

Fühlt sich gut an!

Die Haut ist das größte Organ des Menschen, sie hält uns zusammen, schützt uns vor der UV-Strahlung, aber auch vor gefährlichen Eindringlingen wie Viren und Bakterien. Auf der Haut spürst du etwa den Wind, Berührungen, Kälte und Wärme. Das liegt an den Sinneszellen, mit ihnen kannst du auch gut tasten. In den Fingerkuppen sind sehr viele solcher **Tastrezeptoren** untergebracht, darum fühlst du hiermit besonders gut.

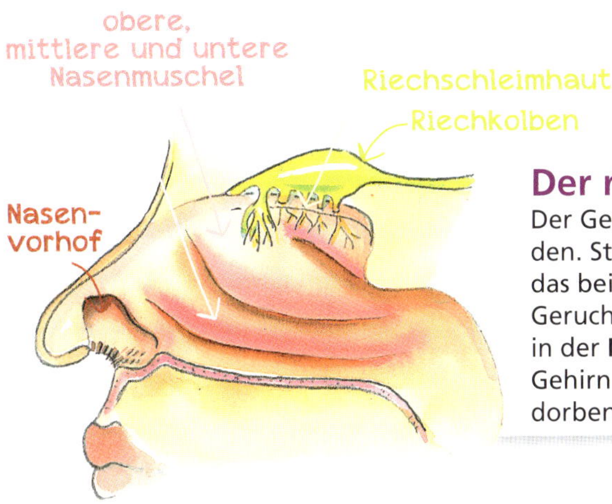

Der richtige Riecher!

Der Geschmacks- und der Geruchssinn sind eng miteinander verbunden. Steigt dir der Duft deines Lieblingsessens in die Nase, dann löst das bei dir ein wohliges Gefühl aus. Beim Einatmen gelangen winzige Geruchsmoleküle in die Nase und bleiben dort an den feinen Haaren in der **Nasenschleimhaut** hängen. Die Sinneszellen übermitteln dem Gehirn dann über den Riechnerv den Geruch. Riecht es nach verdorbenem Essen oder Rauch, gerät unser Köper in Alarmbereitschaft.

Der Lauf des Lebens

Wie wir uns verändern

Als Baby warst du noch völlig hilflos und auf deine Eltern angewiesen. Doch ziemlich schnell hast du verstanden, dass diese seltsamen Klick- und Zischgeräusche der Großen, also die Sprache, durchaus Sinn ergeben. Du erkanntest die ersten Wörter und wusstest, dass ein Lächeln etwas Gutes bedeutet. Krabbelnd und bald laufend hast du deine Umwelt erkundet. Du fingst an zu sprechen – erst unverständliche Laute, später ganze Sätze. Dein Körper wuchs, und du hast täglich vieles dazugelernt.

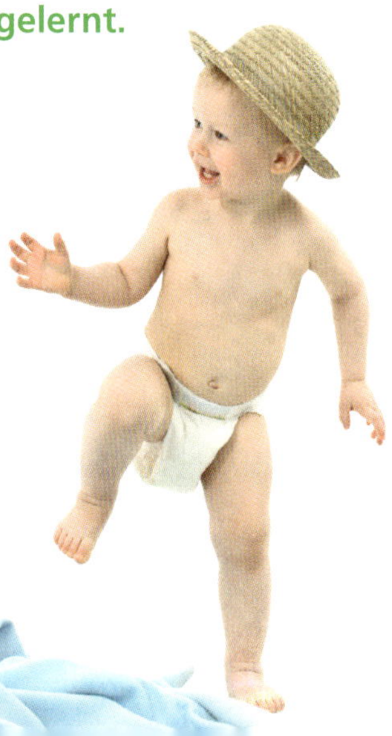

Jetzt gibt's noch mal einen Schub!

Auch heute noch veränderst du dich immer wieder. Der größte Schub kommt in der **Pubertät**: Bei Mädchen beginnt diese aufregende Zeit im Alter von zehn bis zwölf Jahren, bei Jungen meist ab zwölf. In dieser Lebensphase reifen Kinder zu Jugendlichen heran. Viele **Hormone** sorgen dafür, dass du dich plötzlich anders fühlst und sich deine Figur wandelt. Es wachsen dir Scham- und Achselhaare. Mädchen bekommen Brüste und eine weiblichere Figur, Jungen kriegen zum Beispiel eine tiefere Stimme.

Für Teenager sind die Eltern und Lehrer mit ihren vielen Regeln jetzt manchmal ganz schön nervig. Dafür werden die Freunde immer wichtiger. Mit 20 Jahren ist die größte körperliche Entwicklung abgeschlossen. Auch die Schule ist dann beendet, die jungen Erwachsenen ziehen von zu Hause aus, studieren oder erlernen einen Beruf.

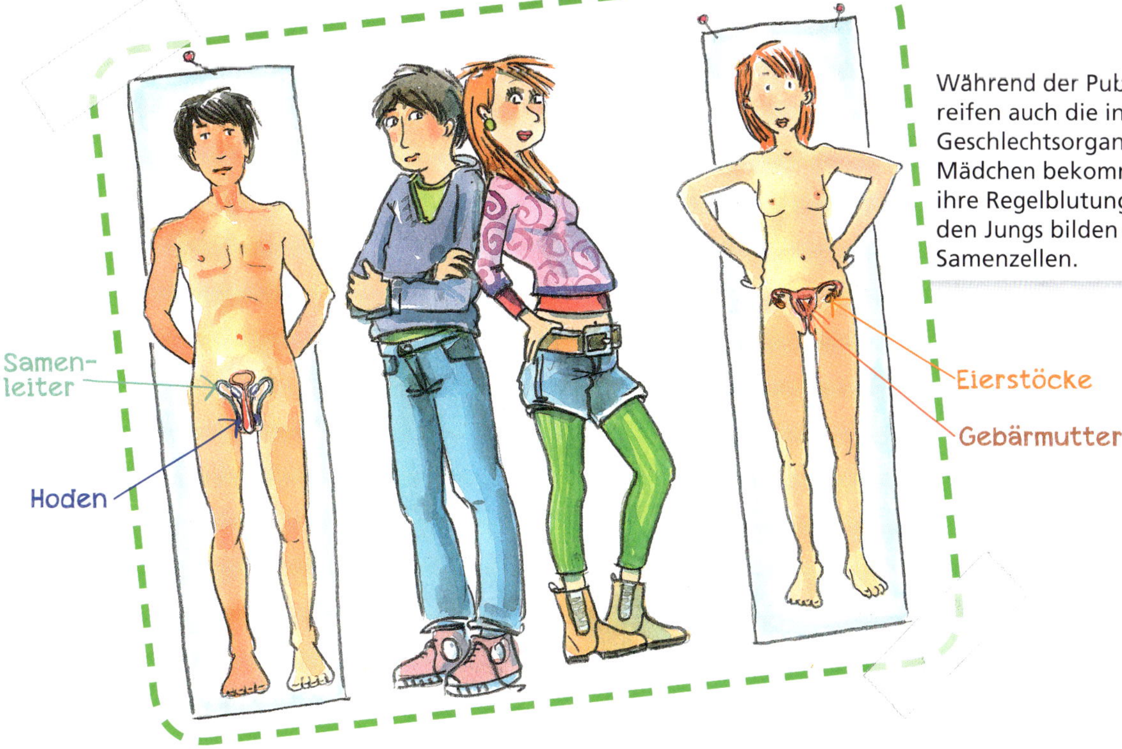

Während der Pubertät reifen auch die inneren Geschlechtsorgane heran: Mädchen bekommen ihre Regelblutung; bei den Jungs bilden sich Samenzellen.

Warum werden wir eigentlich älter?

Auch wenn Erwachsene, wie der Name schon sagt, „erwachsen“ sind, verändert sich ihr Körper ständig: Jede Sekunde sterben Millionen Zellen ab, gleichzeitig bilden sich aber auch Millionen neue. Deine Eltern erscheinen dir vielleicht alt, doch vermutlich sind sie erst zwischen 30 und 50 – also im mittleren Alter. Sicherlich haben sie die ersten Fältchen um die Augen, wiegen etwas mehr als in ihrer Jugendzeit, viele entdecken erste graue Haare – den Männern könnten ihre Kopfhaare schon abhandengekommen sein. Das alles ist ganz normal. Denn so toll unser Körper auch arbeitet, irgendwann wird die Zellerneuerung langsamer. Deshalb haben 60- bis 70-Jährige, also die heutigen Großeltern, tiefere Falten. Im höheren Alter wird der Mensch anfälliger für Krankheiten, die Knochen sind weniger biegsam und können leichter brechen.

Wer sich aber sein Leben lang gesund ernährt und regelmäßig Sport treibt, erhöht seine Chancen, selbst mit 80 Jahren noch topfit zu sein.

Pickelalarm!

Nicht nur Eltern sind in der Pubertät nervig, sondern auch die Pickel, die nun reichlich sprießen. Die hormonelle Veränderung im Körper sorgt unter anderem dafür, dass die Drüsen in der Haut nun mehr Talg, das ist eine Art Fett, produziert wird. Wenn nun mehr Fett gebildet wird, kann es sein, dass die kleinen Hautöffnungen, die Poren, verstopfen. So entstehen die fiesen kleinen Pickel. Das einzig Beruhigende ist, dass sie nach einer Weile wieder verschwinden – und die meisten deiner Mitschüler sie auch bekommen.

Bauanleitung für den Körper

Die Vererbung

„Du bist deiner Mutter ja wie aus dem Gesicht geschnitten!“ Oder: „Dein Vater sah als Kind genauso aus wie dein Bruder!“ Bestimmt hast du Kommentare wie diese schon mal gehört. Und vielleicht ist dir selbst auch aufgefallen, dass es zwischen dir und deinen Eltern tatsächlich Gemeinsamkeiten gibt: zum Beispiel die gleiche Augenfarbe oder Nasenform, möglicherweise ein ähnliches Lächeln …

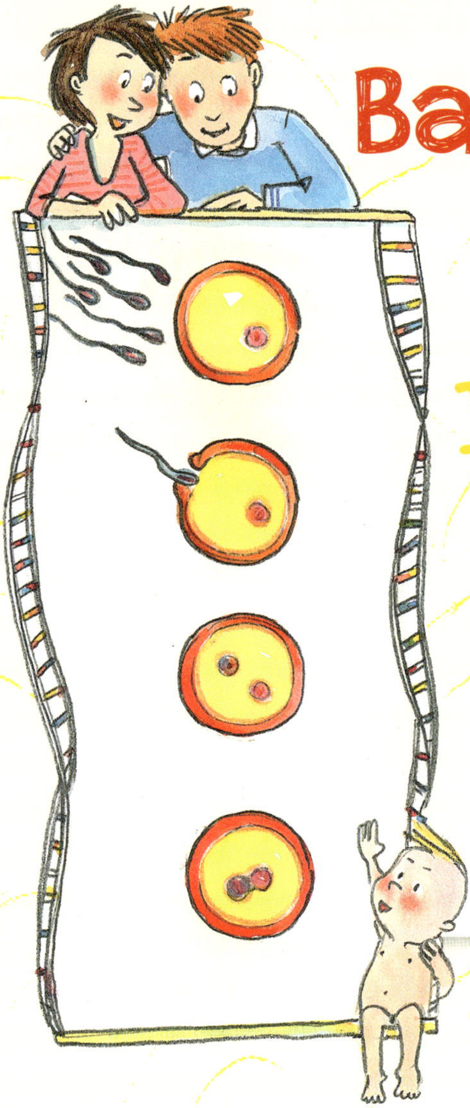

Geschafft! Eine männliche Samenzelle dringt in die Eizelle ein und befruchtet sie.

Wie ein Ei dem anderen

Es fängt ganz klein an

Neues Leben entsteht dadurch, dass eine Eizelle der Mutter und ein Spermium des Vaters miteinander verschmelzen. In dieser befruchteten **Eizelle** sind jetzt die gesamten Erbinformationen beider Elternteile gespeichert. Das **Genom**, das Erbgut eines Menschen, kannst du dir wie ein Buch vorstellen, das aus vielen Kapiteln und Tausenden einzelnen Wörtern besteht. Die **Gene** befinden sich in jeder einzelnen Zelle deines Körpers, darin sind auch alle Informationen zur Arbeit der Zellen festgelegt. Gene liegen auf sogenannten **Chromosomen**, das sind fadenförmige Bausteine, die aus **DNS** bestehen. In einem Gen-Abschnitt steht etwa, ob du eine Nase bekommst, die der von deiner

DNS ist die Abkürzung für Desoxyribonukleinsäure. Sie erinnert an eine verdrehte Strickleiter mit vielen Sprossen. Der DNS-Strang ist wie ein langer Text, in dem wichtige Informationen stehen – sie sind quasi das „Kochrezept“ für den Menschen.

Mutter und Tochter – oft schon auf den ersten Blick zu erkennen.

Mutter ähnelt. Woanders wird beschrieben, welche Augenfarbe du erhältst. Übrigens: Bei jeder befruchteten Eizelle werden die Erbanlagen neu gemischt. Deshalb sehen sich Geschwister zwar oft ähnlich, sind aber nie ganz gleich. Anders ist das bei eineiigen Zwillingen – sie haben eine identische DNS. Bei ihnen hat sich die befruchtete Eizelle in zwei Hälften geteilt.

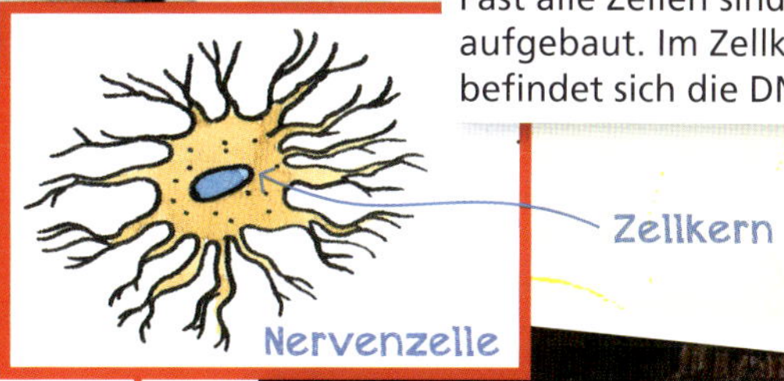

Fast alle Zellen sind gleich aufgebaut. Im Zellkern befindet sich die DNS.

Mini-Kraftwerk – die Zelle

Die Zelle ist die kleinste Einheit des Menschen. In ihrem Kern liegen bis zu 25 000 Gene, auf denen die gesamte Anleitung zum Bau unseres Körpers festgeschrieben ist. Insgesamt gibt es etwa 200 verschiedene Zellarten – aus denen unter anderem Haut, Knochen oder Nerven gebildet werden. Ein Mensch besteht aus 100 Billionen Zellen.

Den Mozarts lag die Musik im Blut: Vater Leopold (rechts) , seine Kinder „Nannerl" und Wolfgang Amadeus waren alle herausragende Musiker.

Wie werden wir, was wir sind?

Das Erbgut kommt zwar von den Eltern, doch wie du als Mensch bist, hängt auch damit zusammen, in welcher Gesellschaft du aufwächst und wie du erzogen wirst. Bis heute sind sich Wissenschaftler nicht einig darüber, inwieweit **Charaktereigenschaften** und Talente durch die Gene weitergegeben werden. Sind Mitglieder einer Musikerfamilie wirklich alle so begabt? Oder wachsen sie einfach nur in einem Umfeld auf, in dem die musikalische Entwicklung und das Erlernen von Instrumenten stärker gefördert werden? Sicher ist, dass unsere Umwelt und die Erziehung natürlich einen wichtigen Einfluss auf unser Leben haben.

Kannst du die Zunge rollen? Lange dachte man, dass es ein erbliches Merkmal sei. Doch heute ist bekannt, dass es nicht nur genetisch festgelegt ist, sondern man es auch erlernen kann.

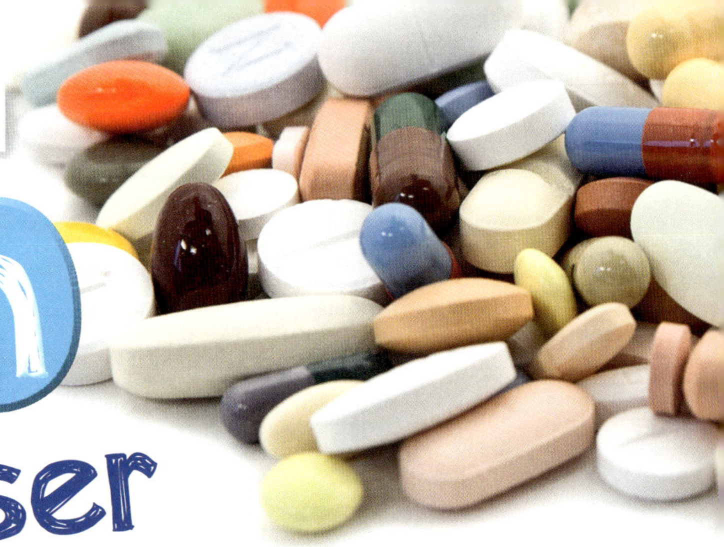

Sie sehen aus wie bunte Bonbons, doch in jeder einzelnen Pille stecken viele Wirkstoffe drin.

Pillen und Pikser

Die Medizin

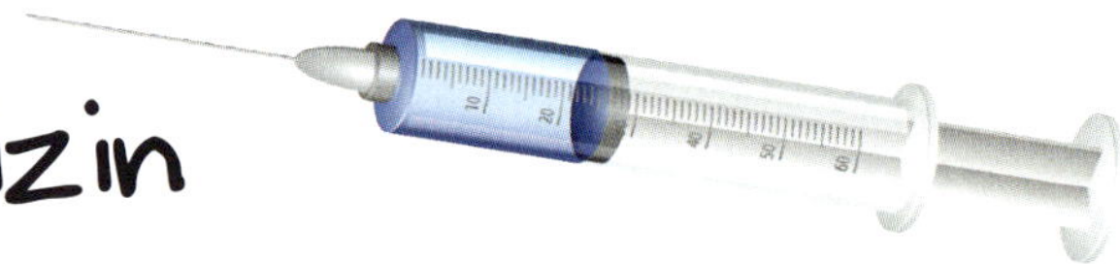

Noch vor 2500 Jahren glaubten die Menschen, dass Krankheiten eine Strafe der Götter seien. Doch mit **Hippokrates** änderte sich das: Der griechische Arzt war überzeugt, dass der Körper der Kranken einfach nicht im Gleichgewicht sei. Hippokrates untersuchte seine Patienten sehr genau. Erst dann stellte er eine Diagnose und verabreichte Heilmittel. Später schrieben Hippokrates und andere Mediziner all ihre Erkenntnisse und Ansichten auf. Dazu gehört auch der Schwur, immer den Kranken zu dienen, ihren Zustand nicht auszunutzen und niemandem außer manchmal anderen Ärzten zu verraten, was der Betroffene ihnen anvertraut hat. Bis heute schwören alle Ärzte hierzulande diesen sogenannten „Eid des Hippokrates“ und arbeiten in seinem Sinne.

Helfende Nadeln

In jeder Kultur gibt es eigene Heilmethoden – die traditionelle chinesische Medizin etwa wendet auch die **Akupunktur** an. Dabei werden den Patienten winzig kleine Nadeln an die entsprechenden Stellen gesteckt, bei Kopfschmerzen zum Beispiel an die Schläfen. In Indien gilt **Yoga** als ein Element der Entspannung bei Rückenbeschwerden. Heutzutage beeinflussen sich die medizinischen Ausrichtungen – auch bei uns in Europa gehen viele Menschen zur Akupunktur oder zum Yoga.

Wenn du dich verletzt oder geschnitten hast, gerät dein Körper in Alarmbereitschaft und die innere „Gesundheitspolizei“ rückt an.

Immer im Einsatz: die Gesundheitspolizei

Nicht bei jeder Krankheit ist ein Arztbesuch nötig, denn unser Körper hat erstaunliche Fähigkeiten, sich selbst zu helfen. Wenn du dich geschnitten hast oder dir dein Knie aufschürfst, wird sofort dein **Immunsystem** aktiv. So nennt man das Abwehrsystem des Menschen. Täglich versuchen Tausende **Viren** und **Bakterien** einzudringen, die Haut wehrt schon viele ab, doch durch offene Wunden können sie leichter ins Körperinnere gelangen. Dort werden die Eindringlinge aber sofort von deiner „Gesundheitspolizei" verfolgt und zerstört.

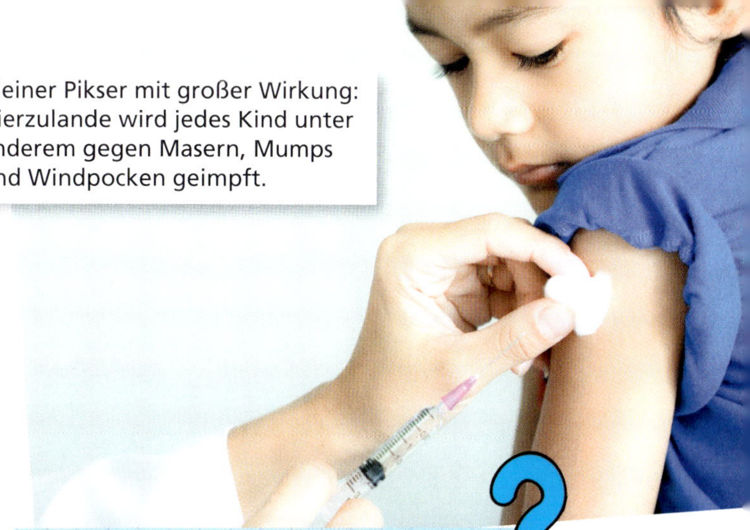

Kleiner Pikser mit großer Wirkung: Hierzulande wird jedes Kind unter anderem gegen Masern, Mumps und Windpocken geimpft.

Kennst du Viren und Bakterien?

Bakterien sind kleinste Lebewesen, die oft Auslöser für Krankheiten sind, sie können aber auch nützlich sein, etwa bei der Verdauung helfen. Viren sind dagegen immer fies, sie lösen Infektionskrankheiten wie zum Beispiel Erkältungen aus.

Das Forschen hört nie auf

Wir wissen heute schon ziemlich viel über unseren Körper. Trotzdem forschen Wissenschaftler weiter und versuchen Mittel zu finden, die bisher unheilbare Krankheiten besiegen können. Manche Leiden werden sogar nach den Forschern benannt, die sie einst entdeckten.

So war es auch bei **Alois Alzheimer**. Der deutsche Nervenarzt erkannte vor rund 100 Jahren als Erster die bis jetzt unheilbare Erkrankung, bei der Patienten nach und nach immer mehr vergessen. Die Alzheimer-Krankheit wird seitdem genau erforscht und sein Entdecker garantiert nie vergessen.

Alois Alzheimer (1864–1915)

Mal FRÖHLICH, mal traurig

Die Macht der Gefühle

Es gibt Momente, da überkommen uns unsere Gefühle: Wir jubeln, wenn unsere Lieblingsmannschaft gewinnt, oder freuen uns auf das Wiedersehen mit einem guten Freund. Ein anderes Mal weinen wir, weil ein geliebter Mensch gestorben ist, oder sind stinksauer, wenn uns jemand ungerecht behandelt. Manchmal haben wir auch einfach nur Angst – sei es vor einer haarigen Vogelspinne oder vor großen Höhen.

Achtung, Säbelzahnkatze!

Sicherlich würden die meisten spontan sagen, dass sie gut und gerne auf Ängste verzichten könnten, doch sie sind überlebenswichtig! Furcht ist ein Warnsignal vor einer möglichen Gefahr, unser Körper gerät dann augenblicklich in Alarmbereitschaft: Das Herz pocht schneller, die Muskeln sind angespannt und unser Gehirn konzentriert sich jetzt nur noch auf diese eine Situation. So können wir – wie schon unsere Vorfahren – blitzschnell entscheiden, was zu tun ist: flüchten oder angreifen? Sahen die Urmenschen zum Beispiel eine zähnefletschende Säbelzahnkatze, hieß es: rennen und sich auf den nächsten Baum retten. Sobald die Gefahr vorbei war, entspannte sich ihr Körper wieder. Vor der inzwischen längst ausgestorbenen Säbelzahnkatze musst du dich nicht mehr in Acht nehmen, aber bei Feuer oder einem nahenden Unwetter ist der Fluchtinstinkt immer noch sehr wichtig.

Angst gehört zu den Grundgefühlen, den sogenannten **Basisemotionen**.
Neben der Angst sind das Wut, Freude, Liebe und Schmerz.
Es gibt natürlich auch noch andere Gefühle wie Überraschung, Traurigkeit, Freude

und Ekel. Ekel empfinden wir etwa, wenn wir vergammeltes Essen riechen oder sehen. Auch das ist sehr hilfreich, dadurch schützen wir uns vor giftiger Nahrung, die uns krank machen könnte.

Schmerz

Freude

Liebe

Hormone – die Mini-Postboten

Hormone sind Botenstoffe. Sie schicken Informationen zu Organen und Zellen. Sehen wir etwas, was uns Angst macht, werden die Stresshormone Cortisol und Adrenalin ausgeschüttet. Wenn wir lachen, treibt unser Körper die Produktion von Endorphinen und Dopamin an – den Glückshormonen. Dann geraten wir in eine Art Rausch, den besonders frisch Verliebte kennen. Darum sagt man über sie auch: „Bei denen spielen gerade die Hormone verrückt“!

Kichere dich gesund

Alle diese Basisemotionen zeigen wir übrigens durch die **Mimik** in unseren Gesichtern: Widert uns etwas an, so gehen unsere Mundwinkel nach unten. Freuen wir uns, ist es genau umgekehrt. „Lachen ist die beste Medizin“, sagt ein berühmter Spruch. Und das ist wahr! Kichern und strahlen wir, schüttet der Körper Glückshormone aus. Gute Laune bringt uns in Schwung, vertreibt schlechte Laune und Stress, stärkt unser Immunsystem und regt viele Muskeln an. Worüber wir lachen, ist sehr unterschiedlich:

Während manche Menschen am liebsten schreiend weglaufen würden, wenn sie bunt geschminkte Clowns mit ihren übergroßen Schuhen und Perücken sehen, haben die meisten Spaß an den Narren und kommen aus dem Lachen nicht mehr heraus. Worüber kannst du so richtig laut lachen?

Lachen ist die beste Medizin – wenn der Clown kommt, denkt niemand an seine Schmerzen.

Was sagst du dazu?

Wie wir uns mit Spr@¢h€ + Z£Í¢h€ñ ausdrücken

Sprachen der Welt

Was wohl das allererste Wort war? Wir wissen es nicht. Sicher ist aber, dass uns modernen Menschen die ausgezeichnete Sprachfähigkeit in die Wiege gelegt wird: Sie unterscheidet uns von allen anderen Lebewesen. Dank ihr können wir Gefühle und Gedanken ausdrücken, Erfahrungen und Wissen weitergeben. Und das nicht nur auf Deutsch.

Weltweit gibt es schätzungsweise über 6000 Sprachen. Am meisten verbreitet ist Chinesisch, was vor allem daran liegt, dass China mit 1,3 Milliarden Bewohnern das bevölkerungsreichste Land der Erde ist. An zweiter Stelle folgt Hindi, die Sprache vieler Inder, und an dritter Englisch.

Isländisch für Anfänger

Knapp 100 Millionen Menschen wachsen mit Deutsch als Muttersprache auf. Außerdem gibt es in jeder Region Dialekte wie zum Beispiel Kölsch, Bayrisch oder Sächsisch. Diese Mundarten klingen für andere so fremd wie Französisch oder Isländisch. Wie wir reden, hängt also von unserem Umfeld und unseren Erfahrungen ab. Ein Junge aus den Alpen spricht daher anders als ein Mädchen aus Berlin.

Auf den ersten Blick wirkt jede Sprache einzigartig. Tatsächlich sind viele aber miteinander verwandt – Deutsch, Englisch, Isländisch und Hindi zum Beispiel zählen zu den indogermanischen Sprachen. Man sieht die Ähnlichkeiten an einzelnen Wörtern

Merhaba (türkisch) · Hej (dänisch) · Tere (estnisch) · Bonjour (französisch) · Pozdravljen (slowenisch) Ahoj (tschechisch) · Szia (ungarisch) · Chaò (vietnamesisch)

Hallo – weltweit

Englische Wörter wie Computer gehören heute selbstverständlich zu unserem Sprachgebrauch. Nicht so bei den Isländern! Sie erfinden für neue Dinge fantasievolle Kunstwörter, die sie aus alten Begriffen zusammenfügen: der Computer heißt „tölva“, die Zahlenseherin. Tölva setzt sich aus „tala“ (die Zahl) und „völva“ (die Seherin) zusammen.

wie „Schule“: Im Englischen heißt sie „school“, auf Hindi „shiksha“ und im Isländischen „skóli“.

Achtung, Fettnäpfchen!

Wir kommunizieren aber nicht nur mit Worten, sondern auch durch Gestik und Mimik. Ein Lächeln wird meistens von allen Menschen weltweit gleich verstanden.
Bei **Gesten** kann es aber, je nach Kulturkreis, leicht zu Missverständnissen kommen. Während der nach oben ausgestreckte Daumen in weiten Teilen Europas und den USA bedeutet, dass wir etwas mögen, ist es im Iran eine Beleidigung. Damit droht man: „Ich stecke dir den Finger in den Hintern.“ Ein klärendes Gespräch, etwa in der von etlichen verstandenen Sprache Englisch, kann das Problem aber schnell wieder ausbügeln. In Papua-Neuguinea hilft Tok Pisin, eine vereinfachte Mischung aus Englisch und lokalen Dialekten, ein Wirrwarr zu vermeiden. Denn in dem südpazifischen Inselstaat hat fast jeder Stamm eine eigene Sprache – die gerade mal sechs Millionen Bewohner sprechen über 750 verschiedene Sprachen!

Der Tanz der Hände

Gehörlose verständigen sich in der Gebärdensprache. Jeder Buchstabe kann mit einem Handzeichen dargestellt werden, für die wichtigsten Wörter gibt es aber auch eigene Symbole, Bewegungen und Gesichtsausdrücke.

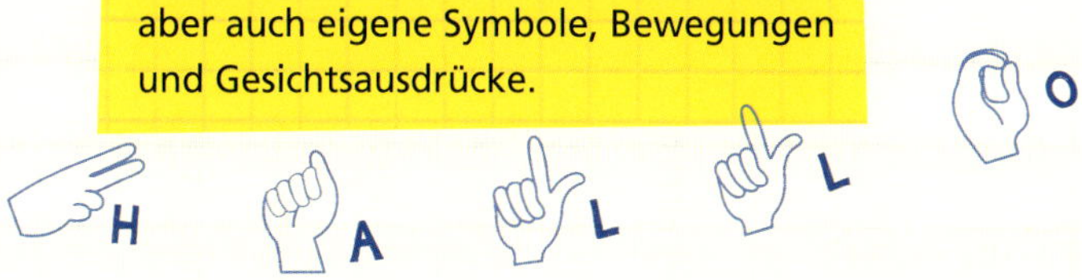

Dia dhuit (irisch) · Olá (portugiesisch) · Hola (spanisch) · Jambo (suaheli) · Hæ (isländisch)
ПРИВЕТ (russisch) · 你好 (chinesisch) · Ciao (italienisch) · Hello (englisch)

Woher weiß ich, dass ich ICH bin?

Jeder lebt in seiner eigenen Welt

Identität und kulturelle Unterschiede

Wer bin ich? Und was macht mich aus? Diese Fragen sind gar nicht so leicht zu beantworten. Seit Jahrtausenden philosophieren Menschen über den Sinn des Lebens.

Ich und die anderen

Jeder Mensch ist unterschiedlich geprägt – durch seine Familie, Lehrer und Freunde. Unsere Identität entdecken wir dadurch, dass wir uns mit anderen vergleichen und manchmal auch von ihnen abgrenzen. So kann es zum Beispiel sein, dass du mit einem Mitschüler die Begeisterung für Fußball teilst, aber keiner deiner Freunde versteht, warum du bunte Aufkleber sammelst. Dir ist bewusst, was euch verbindet und unterscheidet.

Lecker? Alles eine Frage der Kultur!

Tierische Spiegelbilder und die schlauen Originale

Dieses **Bewusstsein** haben nur wenige Lebewesen. Forscher konnten das mit einem einfachen Test beweisen: Sie malten mehreren Tierarten einen roten Punkt auf die Stirn und stellten diese dann vor einen Spiegel. Hunde und Katzen bemerkten die angemalte Stelle nicht. Damit war klar, sie erkennen sich nicht. Stattdessen glaubten sie, ein anderes Tier zu sehen und griffen danach. Elefanten, Delfine, Papageien, Raben und Schimpansen waren

Eines der bestgehütetsten Geheimnisse der Welt: Trägt der Schotte was drunter oder nicht?

Das Wort **Kultur** kann sehr viel bedeuten – im Prinzip meint es alles, was der Mensch selbst erschaffen oder entwickelt hat. Sei es nun ein aus Holz gebasteltes Auto, eine neue Form des Ackerbaus, ein Song oder ein Gemälde. Zur Kultur gehört auch das Leben miteinander und Bereiche wie Religion, Wirtschaft und Sprache.

da schon cleverer. Sie nahmen den Farbklecks wahr und versuchten ihn zu beseitigen. Soviel die Wissenschaft mittlerweile herausgefunden hat, einige Rätsel bleiben ungelöst. Bis heute kann keiner sagen, wo genau im Gehirn das Bewusstsein liegt und wie es funktioniert.

Philosophie kommt aus dem Griechischen und bedeutet „Liebe zur Weisheit". Als weise gilt jemand, der klug und erfahren ist. Philosophen versuchen sich und ihre Umwelt zu verstehen.

Bei uns ist das halt so! – Kulturelle Unterschiede

Wie wir leben und was wir mögen, hat mit der **Kultur** und Gesellschaft zu tun, in der wir aufwachsen. Ein Blick in die Welt zeigt, wie verschieden der Alltag sein kann: Während bei uns Insekten im Restaurant nicht gerade willkommen sind, stehen sie in China auf dem Speiseplan – frittierte Heuschrecken etwa gibt es in Asien vielerorts. Die meisten Inder essen dagegen kein Rindfleisch, weil Kühe in ihrem Land als heilig gelten. In Schottland wiederum tragen Männer zu besonderen Anlässen Wickelröcke mit Karomuster; und beim afrikanischen Volk der Baatombu ist es üblich, eigene Söhne und Töchter wegzugeben und dafür fremde Kinder großzuziehen. Diese Tradition entstand eines Tages, weil es zwischen den Dörfern häufig Streit gab, manchmal bekämpften sie sich sogar. Da Kinder kostbar sind, wurde auf diese Weise für Frieden gesorgt. Für uns sind diese Lebensmodelle ungewöhnlich. Als „normal" empfinden wir eben das, was wir kennen. In gewisser Weise ist jeder in seiner eigenen Welt – und somit auch einzigartig.

Der Wellensittich erkennt sich nicht selbst. Papageien und Raben sind da schlauer.

Entdeckungen und Rekorde

Warum streben wir nach immer mehr und Neuem?

Täglich wird irgendwo auf der Welt etwas Neues erfunden. Eine Erfindung kann vieles sein – ein neuer Stil in der Kunst, eine philosophische Richtung oder ein Haushaltsgerät. Alles, was du heute selbstverständlich benutzt, wurde irgendwann einmal von jemandem entwickelt. Nicht immer sind die Menschen sofort von den neuesten Erfindungen begeistert. Als Karl Freiherr von Drais zum Beispiel im Jahre 1817 seine Laufmaschine, einen Vorläufer des modernen Fahrrads, präsentierte, lachten ihn viele aus. Auch Carl Benz, der 1886 ein Patent für sein Fahrzeug mit Gasmotorenbetrieb anmeldete, musste sich anhören, dass sein „Wagen ohne Pferde“ sich nie durchsetzen würde. Damals waren Kutschen noch das übliche Transportmittel. In den ersten Jahren kaufte tatsächlich kein einziger Benz' Automobil, rund 125 Jahre später gibt es weltweit fast eine Milliarde Autos!

Auf die Plätze, fertig, los!

Wer ist der Stärkste? Wer der Schnellste? Weltweit gibt es unendlich viele Wettbewerbe: Neben klassischen Events wie den Olympischen Spielen und der Fußball-WM veranstalten Menschen auch Turniere im Sumpffußball oder messen sich beim Gummistiefelweitwurf.

Kluger Wuschelkopf: „Fantasie ist wichtiger als Wissen …"

In jedem Menschen steckt ein Erfinder. Die Inspiration, also die Eingebung, kann an vielen Orten kommen: beim Spaziergang, beim Sport oder in der Badewanne. Man muss nur den Mut haben, seinen Ideen nachzugehen und kreativ unerforschte Wege zu erkunden – und nicht sofort aufzugeben, wenn es bei der Entwicklung Probleme gibt. „Fantasie ist wichtiger als Wissen, denn Wissen ist begrenzt", hat der weltberühmte Physiker **Albert Einstein** mal gesagt. Die Neugierde und die Lust auf Neues treiben den Menschen seit jeher an. Das begann schon vor Millionen Jahren mit dem Basteln des ersten Faustkeils.

Es gibt auch Produkte, die eigentlich für etwas anderes bestimmt waren: Cola etwa, das zuckersüße Getränk, wurde anfangs in der Apotheke als Medikament gegen Müdigkeit und Kopfschmerzen verkauft. Unglaublich, oder?

Die Gründe für eine Erfindung sind so vielfältig wie die Ideen selbst. Konrad Zuse, der vor etwa 100 Jahren den ersten vollautomatischen Computer der Welt entwarf, sagte auf die Frage, warum er ihn entwickelt habe, scherzhaft: „Ich bin zu faul zum Rechnen."

Heureka!

Eines Tages lag der griechische Mathematiker **Archimedes** mal wieder entspannt in der Badewanne, als ihm plötzlich die Lösung für eine Aufgabe einfiel. Das begeisterte ihn so sehr, dass er spontan aus der Wanne sprang und nackt über die Straße lief. „Heureka!", das bedeutet „Ich hab's gefunden!", rief er. Auch über 2000 Jahre später ist dieser Spruch noch bekannt, genau wie diese Entdeckergeschichte.

Als Kutschen noch das übliche Transportmittel waren, kaufte kein einziger Benz´ Automobil, rund 125 Jahre später gibt es weltweit fast eine Milliarde Autos.

WIR SIND ALLE WERTVOLL

Menschenrechte und andere Regeln

Wie würde eine Welt ohne Werte und Regeln aussehen? Wahrscheinlich ziemlich chaotisch. Stell dir nur mal vor, was für ein Durcheinander es gäbe, wenn im Straßenverkehr jeder so laufen und fahren könnte, wie er gerade Lust hat. Damit das Zusammenleben gut klappt, braucht es Regeln. Die lernst du zu Hause und in der Schule. Du weißt, dass man immer fair miteinander spielen sollte, andere nicht absichtlich verletzt und jemanden unterstützt, wenn er Hilfe braucht. Das nennt man „soziales Verhalten".

Hilfsbereitschaft

Neue Studien haben herausgefunden, dass die Hilfsbereitschaft anscheinend nicht erlernt wird sondern auch angeboren ist: Selbst Anderhalbjährige liefen in Tests zu Menschen, wenn sie sahen, dass diese Unterstützung brauchten.

Schon Kinder demonstrieren für ihre Rechte. Was würdest Du fordern?

Gleichbehandlung von Menschen

Jedes Land hat Gesetze, das sind festgeschriebene Regeln, an die sich alle halten müssen. In Deutschland stehen die wichtigsten Regeln im **Grundgesetz**. Die einzelnen Artikel beschreiben jeweils ein Gesetz, gleich zu Beginn heißt es: „Die Würde des Menschen ist unantastbar." Das soll bedeuten, dass jeder gleichwertig

Vor dem UNO-Hauptquartier steht diese verknotete Pistole als Mahnmal für einen friedlichen Umgang der Nationen miteinander. Es ist eines der berühmtesten Friedenssymbole der Welt.

Die **UNO** wurde 1945, kurz nach dem Zweiten Weltkrieg, gegründet. Die Nationen wollten sichergehen, dass so ein schlimmer Krieg nicht noch mal passieren kann. So gehört es auch zu den wichtigsten Aufgaben der UNO, den Weltfrieden zu sichern, die Menschenrechte zu schützen und mögliche Probleme in der Gemeinschaft zu lösen.

Dieses Gebäude in New York ist der Hauptsitz der UNO.

ist – egal, wo er herkommt, an was er glaubt, ob er eine Frau oder ein Mann ist. Für dich mag das selbstverständlich klingen, doch in manchen Ländern können die Bürger nicht so frei leben wie wir.

Gemeinsam stark!

Die „United Nations Organization" (abgekürzt UNO genannt und auf Deutsch die „Vereinten Nationen") möchte dafür sorgen, dass die **Menschenrechte** weltweit gelten. Sie fordert, dass jeder Mensch ein Recht auf Nahrung, Frieden und eine eigene Meinung hat. 193 Staaten, also fast alle Länder der Welt, sind Mitglied in dieser internationalen Organisation. Die Erklärung für die Menschenrechte haben aber nicht alle unterschrieben, wie zum Beispiel China. Dort werden Bürger eingesperrt, wenn sie den mächtigen Staat kritisieren. Die UNO und andere internationale Hilfsorganisationen versuchen dann, die Kritiker zu befreien. Sie kümmern sich auch um arme Länder, in denen es nicht genügend sauberes Trinkwasser und Essen gibt. Denn nur gemeinsam ist der Mensch stark!

In Afrika gibt es nicht genügend Schulgebäude. So wird hier im Freien gelernt.

Damit es Kindern überall auf der Welt besser geht

Weltweit leben rund eine Milliarde Kinder in Armut. Das ist ein Siebtel der Weltbevölkerung! Manche Mädchen und Jungen müssen bis zu 14 Stunden am Tag schuften. Viele schleppen Steine oder nähen, um die Familie zu unterstützen. Dann bleibt ihnen keine Zeit mehr für die Schule oder zum Spielen. Doch es gibt Organisationen wie **UNICEF**, das Kinderhilfswerk der UNO, die sich für die Rechte der Kinder einsetzen und unter anderem mit Hilfe von Spenden arme Familien unterstützen. Auch du kannst mithelfen und zum Beispiel Junior-Botschafter von UNICEF werden.

Wie haben wir gelebt? Wie werden wir leben?

Eine Zeitreise von 1850 bis 2050

Berlin, 18. August 1850

Pferdekutschen klappern über die mit Kopfstein gepflasterten Straßen. In Frack und Zylinder gekleidete Herren spazieren mit Damen über den Gehweg. Die Frauen tragen Gewänder, die am Oberkörper eng geschnürt und an den Beinen weit geschnitten sind. Viele Gemälde und Erzählungen erinnern an das Berliner Leben im Jahr 1850. Fotos von damals gibt es kaum, denn die Fotografie ist gerade erst erfunden worden. Nur wenigen geht es damals so gut wie diesen Bürgern. Die meisten Menschen schuften 15 Stunden am Tag in Fabriken oder versuchen als Handwerker ihre Familien zu ernähren. Selbst viele Kinder müssen arbeiten, da bleibt nur wenig Zeit für die Schule. Die Menschen werden nicht sehr alt: Männer durchschnittlich rund 35 Jahre, die Frauen ein bisschen älter.

Seitdem ist viel geschehen! Tausende Erfindungen und Entwicklungen haben den Alltag verändert, die Lebenserwartung hat sich mehr als verdoppelt. Was unsere Vorfahren wohl über unser heutiges Leben denken würden? Sicherlich wären sie begeistert – und überfordert zugleich. Fernsehen, Internet – was ist das?

Mit dem Smartphone weltweit verbunden – für uns heute selbstverständlich.

Fertigungsstraße einer Autofabrik: Hier arbeiten vor allem Roboter.

Kannst du dir vorstellen, wie anders das Leben ohne Internet, Handys und SMS wäre? Vor gerade einmal 30 Jahren gab es diese Dinge noch nicht. Kaum zu glauben, oder?

Auf geht's – in die Zukunft!

Wie wird wohl der 18. August 2050 sein? Wie sieht dann die Gegend aus, in der du zu Hause bist? Das sind ganz schön schwierige Fragen. Sehr wahrscheinlich werden dann anstatt der sieben Milliarden über neun Milliarden Menschen auf der Erde leben. Das Klima könnte sich um ein Grad Celsius erwärmt haben.

Natürlich verändert sich jede Region der Welt anders. Da zunehmend Maschinen die Jobs in den Fabriken übernehmen, arbeiten mehr Menschen von zu Hause aus oder von unterwegs. Es könnte sein, dass du dann superschlaue Kontaktlinsen trägst, die dir, sobald du eine Person oder einen Ort siehst, auf Wunsch sofort sagt, wer oder was das ist. Auch dein Pullover hat vielleicht einen Chip eingebaut, der regelmäßig checkt, ob es dir gut geht. So schlau die neuen Computer dann sein mögen, das Wissen kann man sich auch im Jahr 2050 nicht in den Kopf einpflanzen lassen.

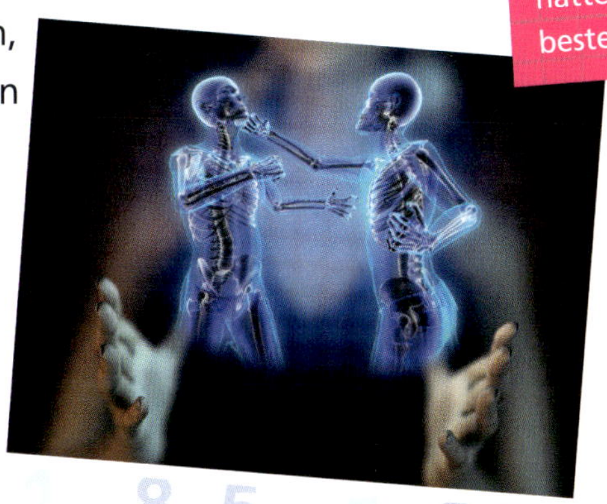

Auch Hologramme sollten sich nicht schlagen.

Kinder werden also weiterhin zur Schule gehen und für Prüfungen büffeln müssen. In der Freizeit spielen die Menschen mit Hologrammen, falls die Freunde mal keine Zeit haben. Die Menschen könnten durch die gesündere Lebensweise und verbesserte Medizin inzwischen 100 Jahre alt werden.

Erfinde deine eigene Welt

Doch wie die Zukunft genau aussieht, das kann uns natürlich keiner verraten. Aber du hast die Möglichkeit, sie mitzugestalten. Wie willst du in der Zukunft leben? Vielleicht wirst du ja später mal ein genialer Erfinder, dann kennt dich am 18. August 2050 garantiert jedes Kind.

Hohler Zwilling

Ein Hologramm ist eine fotografische Aufnahme, die nach Bearbeitung mit gleichartigem Licht ein dreidimensionales Abbild des ursprünglichen Gegenstandes, etwa einer Person oder eines Spielzeugs, wiedergibt. Das ist in etwa so als hättest du plötzlich einen Zwilling von deinem besten Freund oder eines Balls.

Was wird mit UNS passieren?

Ein Zukunftsforscher berichtet

Prof. Dr. Rolf Kreibich, Zukunftsforscher und begeisterter Fußballer

Prof. Dr. Rolf Kreibich, geboren 1938, beschäftigt sich seit über 35 Jahren mit der Zukunft. Er ist Gründer und Ehrenpräsident des Instituts für Zukunftsstudien und Technologiebewertung (IZT) in Berlin und Mitglied des Weltzukunftsrates.

Explorer: Herr Prof. Kreibich, was hätten Sie als Kind am liebsten erfunden?
Rolf Kreibich: Ich hätte es toll gefunden, wenn man die Sonne aus dem Sommer mit in den Winter nehmen könnte. Im Prinzip ist das heute sogar möglich, die Energiespeicher

sind aber noch sehr teuer.
Explorer: Als Zukunftsforscher beschäftigen Sie sich mit dem Leben von morgen. Was glauben Sie, wie unser Alltag in den nächsten Jahren aussehen wird?
Rolf Kreibich: Als Erstes muss man wissen, dass es die eine Zukunft gar nicht gibt. Denn wie du weißt, wird das Leben in Berlin ja immer anders sein als etwa in einem chinesischen Dorf. Deshalb sprechen wir Wissenschaftler auch von Zukünften – und wir unterscheiden zwischen wahrscheinlichen, möglichen und wünschbaren Zukünften. Manchmal sind wir Zukunftsforscher übrigens froh, wenn unsere Prognosen nicht eintreffen.

Explorer: Was ist zum Beispiel eine wahrscheinliche Zukunft?
Rolf Kreibich: Es ist ziemlich sicher, dass unser Leben noch technischer sein wird. Der Kühlschrank meldet uns automatisch, wenn die Milch aufgebraucht ist. Vielleicht haben wir demnächst auch virtuelle Hausgeister. In Zukunft unterstützen kluge Roboter ältere Menschen, wenn mal keine Hilfe zur Hand ist. Doch bei aller Liebe zur Technik, finde ich es auch wichtig, dass jetzt nicht plötzlich

Roboter alles übernehmen. Denn sie können ein schönes Gespräch und das Zusammenleben nicht ersetzen.

Explorer: Aber die Technik macht doch auch viel möglich. Aufregend wäre ein Urlaub auf dem Mond …
Rolf Kreibich: Der Mond hört sich spannend an, aber man müsste sehr viel Technik hochbringen, um dort überleben zu können. Und wer will schon die ganze Zeit in Schutzanzügen herumlaufen? Ab 2023 reisen die ersten Menschen zum Mars, sie werden alleine drei Jahre unterwegs sein, bis sie den roten Planeten erreichen. Viele vergessen, wie schön und vielfältig unsere Erde ist – und dass wir sie dringend schützen müssen. Seien es nun die brasilianischen Regenwälder oder die deutsche Ostsee. Denn wenn wir die Natur weiter zerstören, helfen uns auch superschicke Maschinen nicht mehr.

Explorer: Aber tun wir nicht schon viel für die Umwelt?
Rolf Kreibich: In der Theorie sicherlich. Wir wissen, dass man seinen Müll trennen soll, man zu Hause nicht alle Lichter anmacht und weniger mit dem Auto fährt. Trotzdem halten sich nicht viele daran. Wir handeln einfach zu kurzfristig. Bei den Politikern und vielen Wirtschaftsunternehmen ist das nicht anders. Sie denken an die nächsten fünf bis zehn Jahre – wir müssten aber 50 oder 100 Jahre vorausschauen. Manche Naturreserven, wie etwa das Ölvorkommen, sind vielleicht schon in 30 Jahren aufgebraucht.

Wie erforscht man die Zukunft?

Zukunftsforscher schauen sich weltweit wissenschaftlich erstellte Zukunftsentwürfe und Vorhersagen an. Das IZT erstellt ebenfalls eigene Studien und befragt dafür viele Bürger, Menschen aus der Wirtschaft und manchmal auch Kinder. Die Experten überlegen sich Szenarien, wie das Leben in der Zukunft konkret aussehen könnte.

Explorer: Eine beliebte Zukunftsvision sind fliegende Autos. Wird es die bald geben?
Rolf Kreibich: Die ersten Modelle existieren längst, sie sind aber nicht sehr praktisch. Wesentlich besser fände ich es, wenn sich die fliegenden Ballone durchsetzen würden, die viel weniger Energie verbrauchen und keinen Lärm machen.

Explorer: In den vergangenen 50 Jahren hat sich viel verändert. Ist auch manches gleich geblieben?
Rolf Kreibich: Ja, klar. Ich spiele immer noch leidenschaftlich gerne Fußball.

Der **SpaceLiner** ist eine Art superschnelles Flugzeug, das aus zwei miteinander verbundenen Raketen besteht. In der einen Rakete befindet sich der Treibstoff, in der anderen sitzen die rund 50 Passagiere. Im Gegensatz zu einem normalen Flugzeug hat der SpaceLiner Raketentriebwerke und fliegt dadurch viel höher und schneller. Die bemannte Rakete erreicht eine Geschwindigkeit von über 25.000 Stundenkilometern.
Heute braucht man etwa 25 Stunden, um von Deutschland nach Australien zu kommen. In Zukunft soll der SpaceLiner diese Strecke in gerade mal 90 Minuten schaffen! Entwickelt wird das Flugzeug unter anderem von Forschern des Deutschen Zentrums für Luft- und Raumfahrt (DLR) – doch bevor es startklar ist, dauert es noch eine Weile: wahrscheinlich 40 Jahre.

Der Mensch

Wissen in Kürze

Anatomie: Die Lehre vom inneren und äußeren Aufbau des menschlichen Körpers.

Bakterien: Winzig kleine Organismen, die im Gegensatz zu den Zellen keinen echten Kern haben. Manche Bakterien können beim Menschen Krankheiten auslösen, andere sind aber auch nützlich.

DNS (Desoxyribonukleinsäure): Molekül, in dem alle Erbinformationen des Menschen enthalten sind.

Drüse: Ein Organ, das vor allem flüssige Substanzen bildet und diese absondert. Schweiß wird zum Beispiel nach außen abgegeben, Hormone gelangen direkt in die Blutbahn.

Evolution: Die Entwicklung von Lebewesen im Verlauf der sogenannten Stammesgeschichte.

Gehirn: Schaltzentrale unseres Körpers.

Gen: Anweisungen auf der DNS, die sich im Zellkern befinden. Unsere rund 25000 Gene enthalten alle Informationen, die der Körper braucht.

Gewebe: Zusammenschluss gleicher und ähnlicher Zellen, die eine gemeinsame Aufgabe haben. Organe bestehen zum Beispiel aus Gewebe.

Herz: Muskel, der unser Adersystem ständig mit Blut versorgt. Das Herz gilt als der Motor des Lebens.

Hormone: Winzige Botenstoffe, die Informationen zu Organen und Zellen schicken.

Immunsystem: Das Abwehrsystem, das unseren Körper mithilfe der „Gesundheitspolizei" – wie zum Beispiel weißen Blutkörperchen – vor Krankheitserregern schützt.

Leber: Die Drüse entgiftet den Körper und versorgt ihn mit allem Lebenswichtigen.

Organe: Körperteile wie das Herz oder die Leber. Sie bestehen aus mehreren verschiedenen Zellen und Gewebearten, das größte Organ des Menschen ist die Haut.

Pubertät: Phase in der Jugend, in der der Körper des Kindes zu einem Erwachsenen heranreift. Neben Schamhaaren wachsen nun meist auch die nervigen Pickel.

Zelle: Kleinste Einheit des Menschen. Der Körper besteht aus 100 Billionen Zellen, es gibt rund 200 verschiedene Zellarten.

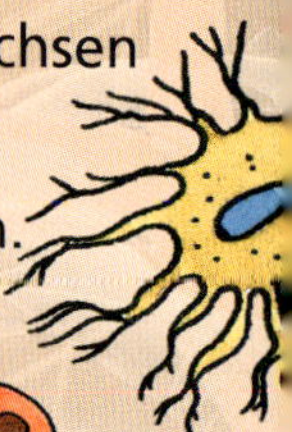